PLANETA ANIMAL

EL LEOPARDO

POR KATE RIGGS

CREATIVE EDUCATION · CREATIVE PAPERBACKS

T0014247

Publicado por Creative Education
y Creative Paperbacks
P.O. Box 227, Mankato, Minnesota 56002
Creative Education y Creative Paperbacks son marcas
editoriales de The Creative Company
www.thecreativecompany.us

Diseño y producción de The Design Lab y Rachel Klimpel
Editado de Alissa Thielges
Dirección de arte de Rita Marshall
Traducción de TRAVOD, www.travod.com

Fotografías de Alamy (Life on White, Stu Porter,
Tierfotoagentur), Dreamstime (Eric Gevaert, Hilton
Kotze, Ond ej Prosický), Flickr (Ray Muzyka), iStock
(Graeme Purdy), Minden Pictures (Anup Shah, Elliott
Nee, Philip Perry, Suzi Eszterhas), Shutterstock (javarman,
TigerStocks)

Library of Congress Cataloging-in-Publication Data
Names: Riggs, Kate, author.
Title: El leopardo / by Kate Riggs.
Other titles: Leopards. Spanish
Description: Mankato, Minnesota: Creative Education and
Creative Paperbacks, [2023] | Series: Planeta animal |
Includes index. | Audience: Ages 6–9 | Audience: Grades
2–3
Identifiers: LCCN 2021061058 (print) | LCCN
2021061059 (ebook) | ISBN 9781640266766 (library
binding) | ISBN 9781682772324 (paperback) | ISBN
9781640008175 (ebook)
Subjects: LCSH: Leopard—Juvenile literature.
Classification: LCC QL737.C23 R538518 2023 | DDC
599.75/54–dc23/eng/20211223
LC record available at https://lccn.loc.gov/2021061058
LC ebook record available at https://lccn.loc.
gov/2021061059

Tabla de contenidos

Los leopardos negros son raros y difíciles de ver.

El leopardo es el cuarto felino más grande del mundo. Existen nueve tipos de leopardo. La mayoría vive en los **continentes** de África y Asia. Un tipo de leopardo vive en el país de Arabia Saudita.

continentes Las siete grandes extensiones de tierra del planeta

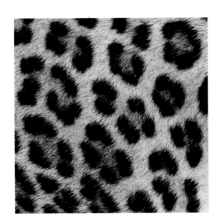

LOS leopardos tienen el cuerpo cubierto con un pelaje moteado. Su pelaje se parece al pelaje del guepardo. Pero las manchas del leopardo son diferentes de las manchas del guepardo. Las manchas del leopardo son negras con el centro marrón o dorado.

Las manchas de la cara del leopardo generalmente son de un color negro uniforme.

El leopardo macho pesa hasta 200 libras (91 kg). Las hembras pesan alrededor de 120 libras (54 kg). El leopardo crece hasta alcanzar los seis pies (1,8 m) de largo. Su cola mide entre dos y tres pies (60–90 cm) de largo.

Los leopardos pueden correr a una velocidad de hasta 36 millas (58 km) por hora.

La mayoría de los leopardos vive en bosques y pastizales. El pelaje del leopardo le ayuda a esconderse entre las rocas y pastos altos. Algunos leopardos viven en tierras más secas llamadas desiertos. Los leopardos de estos lugares tienen el pelaje de un color amarillo más claro. Esto les ayuda a mimetizarse con la arena.

El leopardo puede esconderse fácilmente cuando lo desea.

Los leopardos generalmente se llevan su comida hacia los árboles.

LOS leopardos comen carne. Dos de sus **presas** favoritas para cazar y comer son los papiones y las gacelas. A veces, los leopardos también comen monos y **roedores**.

presa animales que otros animales matan y comen

roedores animales, como las ratas y los ratones, que tienen dientes frontales afilados, pelo o pelaje, y alimentan a sus bebés con leche

*Los cachorros nacen ciegos
y pesan alrededor de una
libra (454 g).*

La madre leoparda tiene dos o tres cachorros a la vez. Al principio, la madre mueve a los cachorros de un lugar a otro. Lo hace para mantenerlos a salvo de otros depredadores. Cuando los cachorros tienen cuatro meses de edad, aprenden a cazar.

cachorros leopardos bebés

depredadores animales que matan y se comen a otros animales

La mayoría de los leopardos viven solos. Permanecen en una zona llamada área de campeo. Un leopardo vigila su área de campeo para asegurarse de que otros leopardos no traten de vivir allí. Los leopardos salvajes pueden vivir hasta 15 años.

Los leopardos usan los árboles para descansar y almacenar comida.

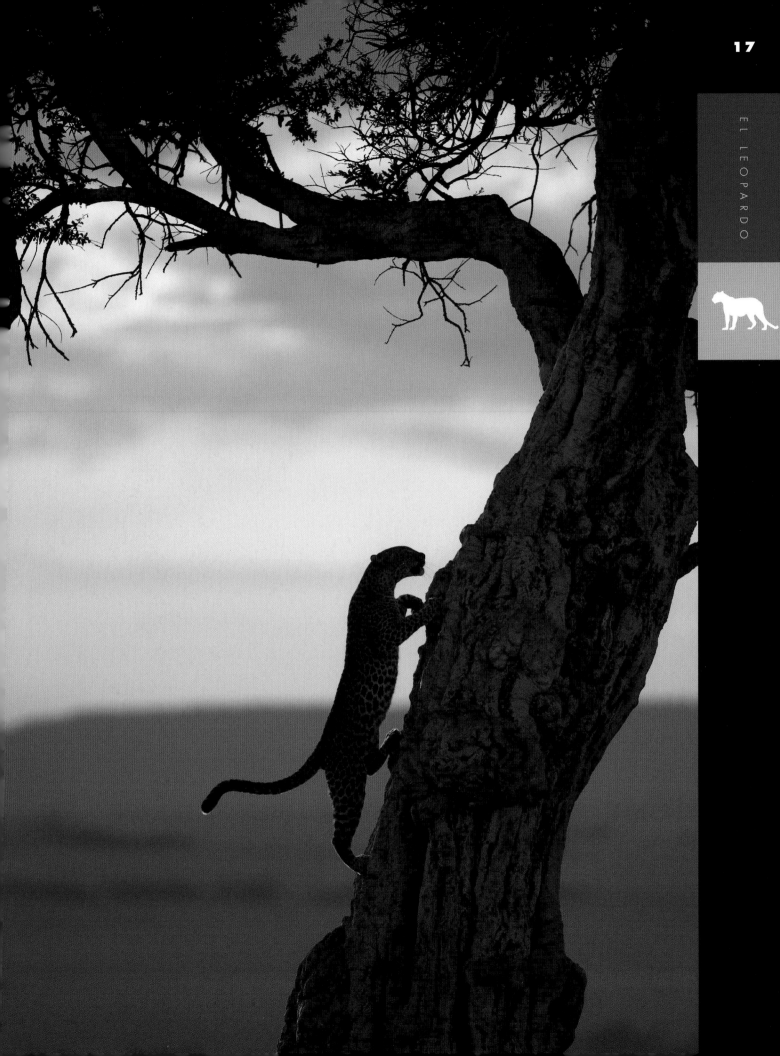

Los leopardos cazan en la mañana o en la noche. No les gusta cazar cuando hace mucho calor. Los leopardos se acercan sigilosamente a su presa y, entonces, saltan sobre ella. Los leopardos duermen unas 12 horas al día.

Los leopardos se agachan para acechar a su presa.

Actualmente,

algunas personas van a África o Asia para ver los leopardos en la naturaleza. Otras personas visitan los zoológicos para ver los leopardos. ¡Es emocionante ver de cerca estos felinos grandes y moteados!

Tres tipos de leopardo viven en China.

Un cuento del leopardo

En Sudáfrica, la gente cuenta un cuento sobre por qué los leopardos y los papiones no se llevan. Hace muchos años, los dos animales eran amigos. Pero un día, el papión se quedó dormido mientras ayudaba al leopardo a atrapar su almuerzo. El animal se escapó. El leopardo estaba muy enojado y quería comerse al papión en lugar del animal que se escapó. El papión huyó columpiándose de los árboles. Los leopardos y los papiones jamás volvieron a ser amigos.

Índice